nivel **A2-B1** audiolibro **colección marca américa l**

# Los jóvenes mexicanos

**COLECCIÓN MARCA AMÉRICA LATINA**

**Autora:** Miryam Audiffred
**Coordinación editorial:** Paco Riera
**Supervisión pedagógica:** Cecilia Bembibre
**Glosario y actividades:** Cecilia Bembibre, Pablo Manzano, Rachel Racknico
**Diseño y maquetación:** Lucila Bembibre
**Corrección:** Esther Gutiérrez
**Fotografía de cubierta:** Image Source
**Fotografías:** csp / Shutterstock.com, Dooley Productions / Shutterstock.com, evantravels / Shutterstock.com, Festival Internacional Cervantino, Filipe B. Varela / Shutterstock.com, Luz Montero, Mozilla Firefox, Muévete x tu ciudad, No más sangre, Olga Gabay / Shutterstock.com, Patricia Aridjis, tipograffias / Shutterstock.com
**Vídeo:** Retrovisual, Luz Montero
**Locución:** Miryam Audiffred
© Difusión, Centro de Investigación y Publicaciones de Idiomas, S.L., 2012
ISBN: 978-84-8443-865-6
Depósito legal: B-19249-2012
Impreso en España por T. G. Soler
www.difusion.com

# Índice

Estudiantes en el parque de la Universidad Autónoma de México (UNAM)

# Marca América Latina
## Los jóvenes mexicanos

*«La diversidad de los jóvenes mexicanos es tan grande, que hay que hablar de juventudes, en plural»*

Gonzalo Saraví

# Cómo trabajar con este libro

**Marca América Latina** es una serie de lecturas sobre temas de la cultura, la economía y la sociedad latinoamericana. Cada libro aporta un panorama general sobre el tema en cuestión, que incluye su historia y la situación actual, y se acompaña de un vídeo que ilustra una o varias de las secciones analizadas en el libro.

Para facilitar la lectura, al principio del libro aparece una introducción con un breve repaso de los temas que se van a desarrollar en el mismo. Además, al final de cada página se incluye un glosario en español de las palabras y expresiones más difíciles, y al final del libro, un glosario de todas ellas traducidas al inglés, francés y alemán.

A lo largo del texto se han marcado en color rojo algunas palabras y expresiones que hacen referencia a aspectos culturales del mundo del español. Estas se recogen y se explican en la sección de notas culturales que aparece al final del libro.

El libro termina con una sección de actividades que tiene la siguiente estructura:

a) «Antes de leer». **Recomendamos realizar las actividades de esta sección antes de empezar a leer el texto**, ya que ayudarán a activar los conocimientos que tiene el lector sobre el tema y facilitarán la comprensión.

b) «Durante la lectura». Son **actividades destinadas a pautar la comprensión** de los diferentes capítulos.

c) «Después de leer». Se trata de propuestas variadas que **permiten poner en práctica la comprensión auditiva y de lectura, la expresión oral y escrita, la interacción oral y escrita y la mediación.** Tienen un carácter predominantemente abierto para que el propio lector (o el profesor que lee el libro con sus alumnos) pueda decidir cómo trabajar con ellas según sus necesidades. En muchas de ellas se propone un repaso al contenido del libro. En cada caso, **el lector puede decidir si vuelve a leer el fragmento en cuestión o prefiere escuchar la grabación del CD correspondiente.**

Igualmente, puede decidir si hace las actividades por escrito o de forma oral, en interacción con otros hablantes.

d) «Vídeo». Esta sección contiene **propuestas para trabajar la comprensión audiovisual con el vídeo** que está incluido en el CD.

e) «Léxico». Actividades para **la sistematización, la profundización y la ampliación del vocabulario.** Se tiene en cuenta que cada hablante tiene unos intereses y un bagaje personal específicos. Por eso se proponen especialmente actividades de carácter abierto y que favorecen el aprendizaje estratégico.

f) Por último, la sección «Internet» propone **páginas web interesantes** para seguir investigando.

pista 01

# Introducción

**M**éxico es un país de jóvenes. De acuerdo con la Encuesta Nacional de Juventud, en México hay poco más de 36 millones de chicos que tienen entre 12 y 29 años de edad. La cifra es enorme. Es igual que la suma de habitantes de las ciudades de Nueva York, Los Ángeles y San Francisco, en Estados Unidos, y casi la población total de Argentina. También es el 80% de la población total de España.

En México viven más de 110 millones de personas. Lo que significa que una tercera parte de la población total del país son jóvenes. Pero, ¿cómo son los chicos mexicanos? Según la Encuesta Nacional de Juventud son parranderos[1], porque lo que más les gusta es estar con sus amigos. A los jóvenes mexicanos les encanta organizar fiestas e improvisar reuniones, porque piensan que «cualquier motivo es bueno para pasar un buen rato[2] con los cuates[3]».

También son muy familieros[4]. A diferencia de muchos países de Europa, donde los chicos se van a vivir solos a los 18 o 19 años, en México los jóvenes no tienen prisa por abandonar la casa de sus padres. Les gusta tanto la comodidad del hogar, que más de la mitad de los chicos mexicanos vive con sus padres hasta los 25 años, cuando deciden vivir con su pareja y formar su propia familia.

---

[1] **parrandero:** persona a la que le gusta mucho ir a fiestas  [2] **pasar un buen rato:** divertirse
[3] **cuate:** amigo  [4] **familiero:** persona a la que le gusta estar con la familia

Aunque respetan la familia y las tradiciones, los chicos mexicanos son muy modernos en su uso de la tecnología y las redes sociales. En México, el 70% de los jóvenes mexicanos tiene acceso a internet y, por supuesto, a Facebook, que es la principal herramienta[5] de comunicación entre ellos.

Como hemos visto, los chicos mexicanos prefieren, en general, no vivir solos. Tampoco les gusta correr riesgos en los negocios. Si tienen que elegir entre ser empleados o tener su propio negocio, 9 de cada 10 elige ser empleado. El investigador Dominique Reynié dice que, en la actualidad, los jóvenes mexicanos son muy desconfiados[6]. Dominique trabaja para Fondapol, una organización francesa que hace análisis sobre los jóvenes de todo el mundo. Al hacer el último reporte de la organización, Dominique descubrió que los chicos mexicanos tienen «niveles récord» de desconfianza: no tienen confianza en el gobierno, ni en las instituciones, ni en la justicia ni en la gente.

Esta falta de confianza, sin embargo, es un motor para muchos chicos, que, decepcionados por la política, buscan formas alternativas para expresar sus ideas. Miles de ellos encuentran este espacio en las tribus urbanas como los *otakus*, los *chacas* y los *gamers*, grupos que comparten una estética y unos gustos musicales. En estas páginas, conoceremos las tribus urbanas más populares entre los jóvenes mexicanos y veremos por qué son, según cuentan los chicos, un espacio donde pueden ser optimistas.

Los chicos mexicanos están entre los más trabajadores del mundo, según informes internacionales sobre empleo. A la vez, México es parte de un mundo globalizado, y aunque el problema de desempleo[7] entre los jóvenes no es tan grave como en otros países, otras prácticas habituales, como el «trabajo informal», afectan la vida de muchos chicos. Leeremos las opiniones de chicos que trabajan de esta forma, y conoceremos los esfuerzos de otros jóvenes por crear mejores oportunidades.

---

[5] **herramienta:** (aquí) instrumento  [6] **desconfiado:** que no confía en algo o en alguien
[7] **desempleado:** sin trabajo

En los últimos años, los mexicanos viven en un país donde hay mucha violencia relacionada con el tráfico de drogas. Veremos cómo muchos jóvenes viajan con sus familias a otras regiones, en busca de una vida más tranquila, y cómo algunos cruzan[8] la frontera[9] de México y llegan a Estados Unidos con la misma intención. Sin embargo, no todos los jóvenes mexicanos se van: muchos de ellos se organizan en su país y actúan para cambiar las cosas. En el capítulo 5, leeremos cómo miles de chicos usan la tecnología para difundir su opinión y organizan marchas[10], como la del movimiento «No más sangre», para protestar contra la violencia.

Los jóvenes mexicanos no solo se organizan para rechazar la violencia. De forma similar a los movimientos de jóvenes en España, en México empiezan a aparecer grupos de «indignados» que demandan una sociedad más justa[11], con más oportunidades de trabajo y educación. También están apareciendo pequeñas agrupaciones juveniles que quieren una ciudad más limpia, ordenada y segura.

Este libro reúne las historias de los movimientos juveniles de los últimos años y muestra[12] un retrato de los jóvenes mexicanos que están en acción. En estas páginas hay información sobre su personalidad, sus pasatiempos y sus problemas, y también datos sobre su relación con la tecnología y los videojuegos. Tampoco nos olvidamos[13] de los chicos indígenas, que quieren tener la libertad de hablar la lengua de sus padres y de usar la ropa típica del pueblo donde nacieron, sin burlas por parte de otros chicos.

Sean indígenas, trabajadores informales o miembros de alguna tribu urbana, los chicos mexicanos tienen muchas cosas en común. Comparten los mismos problemas y las mismas preocupaciones, pero también el amor por los amigos, la familia y las fiestas. ¿Quieres conocerlos?

---

[8] **cruzar:** pasar de un lado a otro [9] **frontera:** límite [10] **marcha:** manifestación, protesta pacífica en la calle [11] **justo:** (aquí) con beneficios para todos [12] **mostrar:** hacer evidente, manifestar [13] **olvidarse:** dejar de recordar

Dos amigas, en una tienda de ropa

pista 02

# 1. Amigueros¹ de corazón

«A los chicos mexicanos nos encanta hacer actividades en grupo»
Roberto Medina

Y a ti, ¿qué te hace feliz? «Estar con mis amigos», responde Aldo Duarte. «Salgo a pasear con ellos cuatro o cinco veces por semana. Nos encanta ir al cine y a los centros comerciales. Estar con ellos me hace muy feliz».

Aldo tiene quince años y vive en la ciudad de México con sus padres. Estudia el último año de secundaria, es hijo único y se considera un chico muy amiguero. También Andrea Magaña, una chica de 18 años que vive en la ciudad de Puebla, dice que las reuniones con sus amigos son su mayor motivo de alegría. «Me encanta estar con ellos. Siempre salimos en grupo y cuando no podemos reunirnos, porque tenemos tarea, platicamos² en el chat de Facebook o nos mandamos mensajes de texto por el teléfono celular³. Sé que chatear quita mucho tiempo, pero me hace sentir muy bien estar en contacto con mis amigos. Me gusta compartir⁴ con ellos todo lo que hago».

Aldo y Andrea no son los únicos chicos mexicanos que piensan que la amistad es la mayor fuente⁵ de felicidad. De acuerdo con la Encuesta Nacional de Juventud, 16 millones de jóvenes mexicanos

---

¹ **amiguero:** que tiene muchos amigos, chico que hace amistad fácilmente  ² **platicar:** en México, hablar  ³ **teléfono celular:** teléfono móvil  ⁴ **compartir:** participar en algo con otras personas  ⁵ **fuente:** origen

dicen que el tiempo libre es para estar con los amigos. A muchos les gusta compartir actividades deportivas, como jugar al fútbol o al baloncesto, o ir al parque con sus cuates. Para otros, lo más divertido es ir a un club a bailar.

Los mexicanos son amigueros de corazón y parranderos por naturaleza. Sin importar la edad, a todos les gusta la parranda[6]. Por eso, en México existen clubs y centros de reunión de varios tipos. Los nocturnos[7], que son para los chicos mayores de edad. Es decir, para los jóvenes que tienen 18 años o más. Y las fiestas vespertinas[8], que son para los chicos menores de edad.

Estas fiestas se llaman «tardeadas», porque empiezan por la tarde y terminan poco antes del anochecer[9]. La mayoría de los chicos que va a estas reuniones tiene entre 14 y 17 años. En estos lugares no se venden bebidas con alcohol ni se puede fumar, porque en México los menores de edad tienen prohibido hacerlo. Pero los jóvenes no necesitan tomar alcohol o fumar para divertirse y pasar un buen rato. Especialmente en la actualidad, porque bandas musicales famosas (como Los Daniels) organizan conciertos vespertinos en lugares que son muy populares, como el bar Rock and Road, de la ciudad de México.

Los miembros de este grupo de rock dicen que sus fans adolescentes siempre piden conciertos en la tarde, porque a esa hora del día tienen permiso[10] para estar fuera de casa. A los chicos más jóvenes no les gustan los conciertos a medianoche o en la madrugada[11], porque ellos no pueden ir. A esa hora ya tienen que estar en la cama.

En la actualidad, muchos artistas aceptan la moda de organizar eventos musicales en un horario vespertino. Los famosos saben que, para los chicos mexicanos, la música es muy importante. De acuerdo con[12] la Encuesta Nacional de Juventud, 3 millones de jóvenes mexicanos tienen como pasatiempo favorito escuchar

---

[6] **parranda:** fiesta [7] **nocturno:** de noche [8] **vespertino:** que se realiza en la tarde [9] **anochecer:** últimas horas de la tarde [10] **tener permiso:** tener autorización [11] **madrugada:** después de la medianoche [12] **de acuerdo con:** según

# FESTIVAL

**INTERNACIONAL** Invitados de Honor: **Austria, Polonia, Suiza, Sinaloa**

# CERVANTINO

Instituto
Estatal
de la Cultura
de Guanajuato

• **G**uanajuato, del 3 al 21 de octubre de 2012 •

 TELMEX.

**Microsoft**

www.festivalcervantino.gob.mx

RADIO·FIC    TV·FIC

Cartel del Festival Internacional Cervantino

música o ir a conciertos. La música en vivo les encanta y el Festival Vive Latino es el gran evento musical del año.

El festival existe desde 1998 y se creó para difundir la música de bandas de habla hispana. Actualmente se celebra en el Foro Sol de la ciudad de México, un enorme auditorio al aire libre[13] que tiene gradas[14] para más de 27 000 personas.

Al principio, el Vive Latino duraba dos días, pero desde 2010 dura tres. La experta en música, Leos Millán, dice que el festival es muy famoso porque participan grupos de música en español de varios lugares de América Latina y España. También porque los jóvenes pueden convivir en un ambiente de fiesta y escuchar, en un mismo día, a las leyendas del rock y a los nuevos talentos hispanos. «El festival es una celebración entre amigos», cuenta.

El grupo Café Tacuba es una de esas leyendas musicales que menciona Leos Millán. El grupo nació en 1989, pero los jóvenes mexicanos siempre se identifican con su música y con la letra de sus canciones. Entre los nuevos talentos, la favorita es Carla Morrison, una joven cantante y compositora de 25 años que nació en Baja California, al noroeste de México. Carla canta música pop y tiene éxito en todo el país porque sus composiciones hablan del amor de juventud.

La cantante de música *hip-hop* Niña Dioz también es muy popular entre los jóvenes, especialmente entre los chicos mayores de 20 años que no son aficionados[15] a la música romántica. Niña Dioz nació en el norte del país, en Monterrey, y sus canciones hablan sobre la vida en la ciudad y los problemas de violencia e inseguridad en el país.

También son famosos la banda Ruido Rosa, integrada por chicas solamente, y el grupo de música electrónica Ambiente.

El Festival Internacional Cervantino que se celebra cada año en la ciudad de Guanajuato, en el centro del país, es otro de los

---

[13] **al aire libre:** en el exterior, fuera de un edificio   [14] **grada:** asiento de lugares públicos
[15] **aficionado:** fan

grandes eventos juveniles. El festival reúne actividades musicales, exposiciones de arte, espectáculos de danza y mucho teatro callejero[16]. El evento dura varias semanas y, por eso, los chicos tienen la costumbre[17] de viajar a Guanajuato con sus mejores amigos. Algunos ponen casas de campaña[18] en la plaza principal y otros comparten los cuartos de hotel.

Pero no a todos los chicos mexicanos les gusta ir a conciertos o eventos en vivo. De acuerdo con la Encuesta Nacional de Juventud, el 13% de los jóvenes (4,6 millones) dice que le encanta pasar su tiempo libre frente al televisor.

En el pasado, en la televisión mexicana había muchas telenovelas para jóvenes. La empresa de comunicación más importante del país, Televisa, tenía la costumbre de producir telenovelas que hablaban de los problemas y los sueños[19] juveniles.

«Hacer telenovelas era una de las grandes industrias del país», dice Rubén García, un escritor y periodista de espectáculos. «La programación para jóvenes ha cambiado mucho en los últimos años porque a los chicos ya no les gusta ver telenovelas. Ahora quieren ver series de televisión con el estilo de las comedias de Estados Unidos», dice.

En estos momentos, los programas para jóvenes más exitosos en México son las producciones del canal de Disney o la empresa Nickelodeon, como *Hannah Montana*, *iCarly* y *Los hechiceros de Waverly Place*.

Los expertos del Instituto Mexicano de la Juventud, el organismo que cada año realiza la encuesta, dicen que los gustos de los chicos que viven en las grandes ciudades y en la provincia[20] de México son diferentes.

«Los jóvenes que viven en ciudades usan con más frecuencia la tecnología y pasan mucho tiempo conectados a internet. En cambio, los chicos que viven en pueblos o ciudades pequeñas

---

[16] **callejero:** de la calle [17] **costumbre:** hábito [18] **casa de campaña:** tienda de lona para protegerse del sol y la lluvia [19] **sueño:** (aquí) ilusión [20] **provincia:** ciudad o poblado que no es la capital del país

con menos de 15 000 habitantes prefieren hacer deporte o actividades al aire libre», indica el informe.

Los adolescentes que viven en las grandes ciudades mexicanas, son los que usan más la tecnología. El ipod es su *gadget*[21] favorito y navegar por internet es una actividad cotidiana. El Estudio de Consumo de Medios Digitales 2011 de la oficina en México del Interactive Advertising Bureau (IAB), dice que los chicos mexicanos navegan por internet cuatro horas al día.

La conclusión del informe dice: «Los jóvenes adoran conectarse a internet. Piensan que es perfecto para estar al día[22] y controlar lo que ven, leen o escuchan. Y lo usan principalmente para chatear y buscar información. También para bajar vídeos y música en línea».

El IAB es una empresa que hace análisis sobre la publicidad que los diferentes negocios ofrecen en internet. Sus investigaciones muestran que el 70% de los mexicanos que usan internet están registrados en una red social. Y los más activos son los jóvenes que tienen entre 19 y 25 años.

Roberto Medina, por ejemplo, tiene cuenta en Facebook, Twitter y Hi5. Tiene 23 años y estudia Derecho[23] en la UNAM, en la ciudad de México. «Las redes sociales son muy importantes para los jóvenes porque ayudan a no sentirse solo. Cuando me siento mal o triste escribo un mensaje en internet sobre ello y de inmediato mis amigos responden. No imagino mi vida sin ellas», dice.

Leer libros es una de las actividades que Roberto menos disfruta, pero este dato no es una sorpresa porque, según la Encuesta Nacional de Lectura, en México cada persona lee, en promedio, tres libros al año. A Roberto tampoco le gusta mucho visitar museos. Datos del Conaculta indican que solamente el 6% de la población tiene la costumbre de estar informado de

---

[21] *gadget*: pequeño aparato electrónico (en inglés)  [22] **estar al día:** tener información actual
[23] **derecho:** (aquí) ciencia que estudia las leyes

las nuevas exposiciones. El resto va a los museos, como máximo, una vez al año.

«Creo que a los chicos mexicanos lo que más nos gusta es hacer actividades en grupo, porque estar solos es muy aburrido», concluye Roberto.

Chicas en una fiesta de Quince Años

pista 03

## La Fiesta de Quince Años

El vestido tiene que ser largo y muy amplio. «Será el vestido más bonito del mundo», dice Karina López, una chica que vive en la ciudad de Oaxaca. Karina cumple 15 años dentro de tres meses y desde hace dos semanas comenzó a buscar el vestido que usará en la fiesta.

Karina se describe como una chica moderna. Le encanta la tecnología y nunca sale a la calle sin su ipod (lleno de canciones románticas y música pop) y su teléfono celular. Es una chica del siglo XXI, dice, pero la fiesta de Quince Años es una tradición que no quiere cambiar.

Sus padres planean hacer una gran fiesta con más de cien invitados. Primero habrá una misa[1] en la iglesia del barrio y después una cena. La fiesta será en un enorme salón de un hotel del centro de la ciudad y el baile será con música en vivo.

La costumbre es comenzar el baile con un vals familiar, en el que la quinceañera[2] baila primero con su padre y después con sus abuelos, hermanos, tíos y primos. Después de bailar con todos los varones de la familia, la chica tiene permiso para bailar con sus chambelanes[3] y amigos. «Estoy muy emocionada», dice Karina.

---

[1] **misa:** ritual religioso [2] **quinceañera:** chica que cumple 15 años [3] **chambelán:** acompañante oficial de la quinceañera

1. y 2. Espectáculos del Festival Cervantino

3. Chicos celebrando una victoria de fútbol 4. Jóvenes asistiendo a un concierto

Un chico aficionado al *reggaeton*

# 2. Tribus urbanas

> «En México, pertenecer a una tribu urbana no es moda. Es un acto político»
>
> Karina Jarquín

L a ciudad de México es la ciudad más importante del país. Tiene una población enorme, de 20 millones de habitantes. También tiene las mejores escuelas y universidades públicas[1] y, por eso, ahí viven muchos jóvenes. De acuerdo con los informes del gobierno, casi el 30% de todos los chicos que hay en el país vive en la ciudad de México. El resto de la población joven, vive principalmente en las otras dos ciudades grandes del país, Guadalajara y Monterrey, y en los estados de Puebla, Guanajuato, Veracruz y Chiapas.

A los chicos que viven en la ciudad de México se les dice «chilangos», pero a ellos no les gusta que les digan así. Prefieren que les digan *otakus, frikies, gamers, darks, hippies, emos, metaleros, ciberpunks* o *chacas* porque quieren estar relacionados con el grupo del que forman parte[2]. Y caminar por las calles de la gran ciudad de México sirve para descubrir que hay muchos grupos diferentes.

La ropa, los zapatos, los accesorios y el peinado que usan los chicos mexicanos son un reflejo[3] del grupo o tribu urbana a la que

---

[1] **público:** (aquí) que pertenece al estado  [2] **formar parte:** ser integrante o miembro  [3] **reflejo:** (aquí) resultado

Flor Rodríguez, una *otaku* mexicana, en una convención

han elegido pertenecer. Por eso la observación es la mejor forma de saber si un chico pertenece a una tribu o a otra.

La tribu de los *otakus* es una de las más populares y numerosas en el país. Los chicos que forman parte de este grupo son fanáticos[4] de la cultura japonesa. Las historietas, los videojuegos y las películas de animación que se producen en Japón les gustan tanto[5], que se visten igual que esos personajes[6] de ficción.

Los chicos que forman parte de esta tribu usan pelucas[7] de colores. Además, su vestuario es colorido, extravagante y muy original. A ellas les gusta vestir con faldas muy cortas y calcetines largos que llegan hasta la rodilla. A ellos, levantarse[8] el pelo con mucho gel.

Renato Acosta, un chilango de 20 años, explica que los chicos se visten así para imitar a sus personajes favoritos. «Es lo que llamamos *cosplay*», dice. «La palabra surgió al unir los términos en inglés *costume* y *play*, que significa 'jugar con el vestuario[9]'».

A Renato, por ejemplo, le encanta vestirse como Son Goku, el protagonista[10] de la serie *Dragon Ball*. «A mis papás les enoja que sea fanático de este personaje porque dicen que es muy violento. No entienden que él (Goku) pelea[11] por un mundo mejor. El animé japonés es maravilloso porque habla de la amistad y la lealtad[12]. A diferencia de[13] lo que sucede en la vida real, los personajes no pelean porque les gusta la violencia, sino porque quieren mejorar[14] las cosas», dice.

Los programas de animación japonesa llegaron a México en los años ochenta, pero fue en los noventa, con la transmisión por televisión de *Dragon Ball* y *Los caballeros del zodiaco*, cuando los chicos mexicanos empezaron a interesarse por esa cultura.

La tribu *otaku* es tan grande que cada año, desde hace tres años, organizan en la ciudad de México la Marcha del Orgullo

---

[4] **fanático:** aficionado en exceso  [5] **tanto:** en gran cantidad  [6] **personaje:** (aquí) persona de ficción  [7] **peluca:** cabello postizo  [8] **levantar:** (aquí) poner en posición vertical  [9] **vestuario:** conjunto de prendas  [10] **protagonista:** personaje principal  [11] **pelear:** luchar  [12] **lealtad:** amor, fidelidad  [13] **a diferencia de:** en cambio  [14] **mejorar:** cambiar positivamente

Un *chaca* muestra su estilo

*Otaku.* En 2011, más de 4000 chicos caminaron desde el Zócalo hasta la embajada de Japón, que está en el centro de la ciudad de México, en una avenida muy importante: el Paseo de la Reforma.

«Ser *otaku* no es una moda sino una filosofía», dice Aura Lowy, una chica de 17 años que es colaboradora del programa de radio *La noche W.* El programa es uno de los más populares entre los chicos y Aura es su analista más joven. «Los *otakus* admiran el orden y el respeto que los japoneses tienen por sus tradiciones. Les gusta la unión y la lealtad que hay entre ellos. ¿Sabes? Si le preguntas a un *otaku* qué piensa de México, te dirá que apesta[15] porque hay mucha corrupción y mucha violencia», dice.

Pero a los *otakus* no solo les gustan los valores que caracterizan a la sociedad japonesa. También están fascinados con sus avances tecnológicos y con personajes como la cantante Hatsune Miku.

Miku, como la llaman sus fans, es una chica muy bonita y delgada de 16 años. Su forma de vestir típica es una falda corta, una blusa sin mangas y calcetines largos, que cubren sus rodillas. Tiene el cabello muy largo (le llega hasta los tobillos[16]) y de color azul brillante[17]. Siempre peina su cabello en dos coletas[18].

Miku es una celebridad, pero no es una persona real. Es un personaje virtual que utiliza la voz de la actriz Saki Fujita. Miku nació en el año 2007, pero empezó a dar conciertos en 2010. Aparece en el escenario como un holograma de tamaño natural y canta con su banda, que está formada por músicos reales. En 2011, visitó la ciudad de México para dar un concierto en el Centro Cultural Tlatelolco y su presencia en el país hizo que la tribu *otaku* creciera mucho más.

En México, formar parte de una tribu urbana es una forma de ser rebelde y de expresar una opinión crítica. El escritor mexicano José Agustín dice que las tribus urbanas hablan de rechazo[19] al

---

[15] **apestar:** oler mal  [16] **tobillo:** hueso que se ve en la parte interna del pie  [17] **brillante:** que brilla  [18] **coleta:** tipo de peinado que consiste en amarrar con un listón una parte del cabello  [19] **rechazo:** oposición

sistema. «Todas las tribus urbanas cuestionan al poder y a las autoridades», dice.

Las tribus urbanas existen en el país desde los años setenta y, de acuerdo con los expertos, se volvieron populares entre la juventud mexicana desde el famoso Festival de Avándaro, que se celebró en Valle de Bravo, un lugar que está a dos horas de la ciudad de México y que es el «Woodstock mexicano».

Las tribus de los *rockeros*, *darks*, *punks* o *hippies* tienen una larga historia entre los mexicanos. Pero hay otras, como los *gamers*, que existen desde hace muy poco tiempo.

«Todos piensan que soy un vago[20] porque paso muchas horas jugando videojuegos, pero se equivocan. Voy a la escuela como cualquier otro chico de mi edad y hago mis tareas. Prefiero jugar y pasar un buen rato que leer los periódicos o ver las noticias en la televisión, porque solo hablan de cosas malas, como muertos o gente desaparecida[21]. Además, ser un buen jugador te da prestigio, porque estableces récords nuevos y ganas muchas competiciones», dice Fernando Ramos, un chico que vive en Guadalajara, y que participa con frecuencia en torneos *online,* donde compite contra chicos de todo el mundo.

Los *gamers* son chicos y chicas aficionados a los videojuegos. Pero hay muchos jóvenes que juegan videojuegos. Entonces, ¿cómo se distingue a un *gamer* de un jugador ocasional?

Fernando dice que al jugador ocasional solo le interesa pasar un buen rato. En cambio[22], para los *gamers* lo más importante es conseguir un récord. «Siempre tenemos la obsesión de terminar el juego con una puntuación[23] muy alta. Además, todo el tiempo estamos en busca de retos[24] nuevos. Por eso, no nos gustan los juegos fáciles. Preferimos los juegos difíciles, los juegos que requieren mucha práctica. Quizá, la mayor diferencia entre ellos y nosotros, es que nosotros los *gamers* sabemos un poco de

---

[20] **vago:** perezoso y holgazán, que está sin ocupación  [21] **desaparecido:** gente que no se sabe donde está  [22] **en cambio:** a diferencia de  [23] **puntuación:** cantidad de puntos obtenidos en una prueba  [24] **reto:** desafío, objetivo difícil

Muchos *gamers* mexicanos acuden cada año a Comic-Con

informática y analizamos los gráficos de cada juego. Y estos temas no son de interés para un jugador ocasional», dice.

Si los *otakus* muestran, con su estética, su rechazo a la situación actual de México, los *gamers* son chicos y chicas que han decidido ignorar la realidad del país y poner su atención en lo que ocurre en su computadora.

La industria de los videojuegos es importante en México, ya que es un negocio que anualmente factura[25] más de 14 000 millones de pesos mexicanos (alrededor de 1 000 millones de dólares), y está en crecimiento[26].

El 11% de los jugadores del país se conecta a internet desde la computadora y comparte sus partidas[27] con gente de todo el mundo. Sin embargo, la mayoría de los jugadores disfruta de los juegos a través de la consola (el 27%) o el celular (el 25%). Un pequeño número de chicos juega con su reproductor mp3 (el 7%), y el resto lo hace con la computadora, pero sin conectarse a internet.

Todos los años, muchos *gamers* mexicanos viajan a San Diego para asistir a Comic-Con, el evento de historietas[28] más importante de Estados Unidos. Allí coinciden muchos mundos: el de los superhéroes, el de la ciencia ficción, el del cine, el de los videojuegos y el de los coleccionistas de juguetes de edición limitada. Durante los cuatro días que dura el evento, muchos participantes se visten como su superhéroe o personaje de ficción favorito. También asisten al estreno mundial de películas de ciencia ficción, y coleccionan autógrafos de los autores y dibujantes[29] de historietas, que suelen asistir a la conferencia.

Otra tribu urbana, la de los góticos o *dark* (como se los llama en América Latina), es internacional: hay miembros de ella en muchas ciudades del mundo. Su estética consiste en ropa oscura, pelo liso, maquillaje blanco en la cara y negro en los ojos.

---

[25] **facturar:** ganar  [26] **crecimiento:** (aquí) aumento  [27] **partida:** cada sesión de juego  [28] **historieta:** (aquí) cómic  [29] **dibujante:** ilustrador

Daniel Drack, un chico *dark*, dice que las causas más importantes para los jóvenes de esta tribu son el buen trato hacia los animales, los derechos de la mujer y la promoción de la cultura. «La política es un tema que no nos interesa mucho, porque no tenemos confianza en las instituciones», explica.

Pero entre los jóvenes mexicanos hay un grupo nuevo: los *chacas*, que son chicos aficionados a la música del *reggaeton*. Los chicos de esta tribu se visten con pantalones muy flojos[30] y playeras muy flojas. Muchas veces usan cachucha[31], accesorios dorados, y muchas cadenas o anillos.

La mayoría de los miembros de esta tribu urbana son chicos. La académica Karina Jarquín dice que a las chicas no les gusta mucho el *reggaeton* porque las letras de algunas canciones son agresivas y hablan mal del género femenino. «Las más comerciales presentan a las chicas como objeto sexual y son muy ofensivas, pero hay otras que representan la intención original de este tipo de música, que es hablar de la realidad de los chicos que viven en zonas pobres», dice.

En opinión de esta experta, pertenecer a una tribu urbana no es una moda sino un acto político. Los *chacas*, por ejemplo, piensan que la música de *reggaeton* es una crítica social profunda.

«Estamos en contra de los políticos rateros[32] y corruptos. Nos enoja saber que, por un lado, la gente es cada vez más pobre y, por el otro, los ricos hacen más dinero. México es un país profundamente desigual[33]. ¿O cómo explicas que en este país, donde hay tanta gente pobre, viva también Carlos Slim, el hombre más rico del mundo?», dice Andrés, un chico de 19 años que se considera *chaca*.

Detrás de cada tribu urbana hay una forma de pensar que los hace diferentes al resto de los jóvenes mexicanos. Casi todos los chicos que forman parte de alguna de estas tribus son discriminados por su forma de vestir.

---

[30] **flojo:** suelto, que no es ceñido  [31] **cachucha:** gorro con visera  [32] **ratero:** ladrón  [33] **desigual:** que no es igual

Por ejemplo, de acuerdo con Javier Hidalgo, director del Instituto de la Juventud, los *chacas* o *reggaetoneros* son un grupo con problemas de exclusión por su ropa y la música que escuchan. Así es: los *chacas* son la tribu más criticada, y en Facebook hay un movimiento llamado *¡Por un mundo sin chacas!*, que invita a escribir mensajes ofensivos sobre ellos.

Pero México es un país diverso y las tribus no dejarán de existir. La historia contemporánea muestra que a los chicos mexicanos les gusta organizarse para criticar la realidad del país con creatividad. Y hoy, dicen lo que piensan y buscan destacarse como individuos, de una forma muy colorida y musical.

# El Chopo: un mundo alternativo

En el centro de la ciudad de México se encuentra una de las zonas con más vida juvenil del país: el tianguis[1] del Chopo, un mercado callejero.

El tianguis existe desde 1980 y tiene cerca de 200 puestos[2] que venden CDs, ropa, accesorios y zapatos. Funciona todos los sábados entre las 11 de la mañana y las 5 de la tarde.

Desde que surgió el tianguis, los *darks*, o *darketos*, hicieron de este sitio un centro de reunión e intercambio. Por eso, en la actualidad, el Chopo es el lugar perfecto para comprar todo tipo de ropa negra, zapatos de plataforma y accesorios con forma de calavera[3]. Muchos chicos piensan que el Chopo también es el lugar ideal para hacerse tatuajes o *piercings*, e intercambiar discos antiguos.

Para la mayoría de los jóvenes mexicanos, el Chopo es sinónimo de libertad, porque nadie tiene que cambiar su estética o personalidad para ser aceptado. Además, es un espacio de difusión cultural porque cada fin de semana hay conciertos de rock y lecturas públicas, donde se lee un cuento o una obra de poesía escrita por algún artista local.

---

[1] **tianguis:** mercado callejero  [2] **puesto:** pequeño local que se pone en la calle para vender cosas  [3] **calavera:** conjunto de los huesos de la cabeza

Estudiantes en el café de la UNAM

pista 06

# 3. ¡Qué trabajadores!

«Los chicos de las nuevas generaciones somos creativos»
Raúl, «El Chato»

Todos los días, millones de jóvenes mexicanos salen de sus casas hacia el trabajo o la escuela. De acuerdo con la Encuesta Nacional de Juventud, casi una tercera parte de esos chicos (alrededor de 11,7 millones) trabaja en empresas, negocios y oficinas.

Los mexicanos son muy trabajadores. Según la OCDE, en México, la jornada¹ promedio de trabajo es de diez horas al día. Por esto, los mexicanos están entre las personas más trabajadoras del mundo; en la mayoría de los países (entre ellos, Estados Unidos e Inglaterra), la costumbre es trabajar solo ocho horas diarias.

México, a diferencia de países como China o Japón, no es famoso internacionalmente por sus trabajadores dedicados e incansables². Y, sin embargo, los datos de la OCDE dicen que los mexicanos, además de tener largas jornadas, aceptan trabajar horas extra sin recibir un pago adicional por el esfuerzo que realizan. Así, en promedio, ¡los mexicanos trabajan 1 857 horas al año!

Para poner la cantidad en contexto, la OCDE explica que en Estados Unidos se trabajan en promedio 1 768 horas, en España 1 654, en Inglaterra 1 646 y en Holanda 1 378 horas al año.

---

¹jornada: día  ²incansable: que no se cansa

Pero además de trabajadores, los chicos mexicanos son leales[3] a la empresa donde están empleados. La Encuesta Nacional de Juventud indica que 8 de cada 10 jóvenes están contentos con su trabajo actual y, por eso, permanecen mucho tiempo en el mismo empleo.

Manuela Fernández, por ejemplo, empezó a trabajar en un periódico de la ciudad de México, al terminar sus estudios de periodismo en la UNAM. Al principio, fue asistente en la sección de noticias culturales, pero, al cabo de tres años, obtuvo el puesto de reportera. A Manuela le encanta ser periodista. Tiene 24 años y lleva poco más de cuatro en la misma empresa. Y no piensa buscar trabajo en otro periódico ni cambiar de empresa o profesión, porque no le gustan los riesgos. «Si estoy contenta, ¿qué sentido tiene probar suerte en otro lugar?», dice.

Además de los chicos que trabajan en empresas, oficinas o negocios legalmente establecidos, en México hay 5,9 millones de chicos que trabajan en lo que se conoce como el «sector informal». Es decir, en trabajos que no tienen el reconocimiento del gobierno.

El político Oscar Levín Coppel dice que el sector informal se convierte, cada vez más, en la única alternativa para los chicos que no encuentran trabajo en empresas o negocios establecidos. Entonces, ¿a qué se dedican estos jóvenes?

Muchos de ellos venden productos de todo tipo en los mercados del país. Son comerciantes de ropa, zapatos, aparatos electrónicos, flores, videojuegos, CDs o comida. Otros trabajan como albañiles[4], manejan taxis o son artistas callejeros.

Raúl, «El Chato», es uno de estos chicos. Tiene 25 años y todos los fines de semana ofrece espectáculos públicos en la plaza principal de Coyoacán, en el sur de la ciudad de México. Algunas personas dicen que Raúl está desempleado, porque es artista callejero. Y nadie considera que hacer mímica y juegos malabares[5] es una forma de trabajar.

---

[3] **leal:** fiel  [4] **albañil:** obrero de la construcción  [5] **malabar:** juego de equilibrio que consiste en mantener objetos en el aire

Raúl trabaja de jueves a domingo y vive del dinero que le da la gente. «Cuando actúo, pongo un sombrero rojo en el suelo, frente a mí. La gente que aprecia mi trabajo me da una moneda y, por fortuna, muchos piensan que mi acto es divertido. Yo creo que es arte», dice.

Coyoacán es una de las zonas más atractivas de la ciudad. En el pasado, era un pequeño poblado cerca de la capital, pero la ciudad de México ha crecido tanto que, actualmente, Coyoacán ya es parte de ella. El barrio fue, durante muchos años, un lugar de reunión para intelectuales y escritores. Por eso, a Raúl y a muchos otros chicos, les gusta actuar ahí. En la actualidad hay músicos, actores y cirqueros[6].

«Creo que estoy en el lugar perfecto para hacer lo que me gusta, porque en otros barrios de la ciudad no entienden que soy un artista. Pienso que, en general, muy pocos adultos entienden que las nuevas generaciones somos chicos creativos, no chicos de oficina», dice Raúl.

Para los chicos mexicanos, no es muy habitual ir al trabajo y a la escuela al mismo tiempo: según las cifras oficiales, solo 4 millones lo hace, que es el 11% de todos los jóvenes que hay en el país. Y Carlos Aranda es uno de esos jóvenes que dividen su jornada diaria entre el estudio y el trabajo.

Carlos dice: «Es muy difícil hacer las dos cosas al mismo tiempo porque todos los días hay que madrugar[7]. Además, no hay tiempo para hacer vida social y estar con los amigos».

Carlos tiene 22 años y vive en la ciudad de Puebla. Estudia Medicina en la Universidad Autónoma de Puebla y su sueño es ser dentista. Por eso, trabaja por las tardes en la recepción de una clínica privada. «El salario[8] no es muy bueno, pero aprendo algo todos los días. Espero tener muy pronto la experiencia suficiente para conseguir un mejor trabajo y tener mis propios pacientes», dice.

---

[6] **cirquero:** persona que hace actividades relacionadas con el circo  [7] **madrugar:** despertarse temprano  [8] **salario:** dinero que se recibe regularmente por trabajar

Un chico mexicano

En México, hay 11,5 millones de chicos que se dedican exclusivamente a estudiar. La gran mayoría va a escuelas del estado, porque en el país la educación básica es gratuita[9]. Pero algunos van a escuelas o universidades privadas[10], donde los estudios son más caros.

Todos los chicos mexicanos tienen la obligación de estudiar la secundaria. Por el momento, estudiar los tres años de preparatoria es algo voluntario. Ningún chico tiene la obligación de ir a la preparatoria ni estudiar en la universidad y, por eso, muchos chicos abandonan la escuela cuando tienen 15 o 16 años de edad.

Pero los políticos dicen que los jóvenes deben tener más años de preparación académica, y hace pocos meses cambiaron la ley. A partir del ciclo escolar de los años 2021 y 2022, la preparatoria será obligatoria en todo el país.

Por eso, poco a poco, se han creado en el país escuelas privadas de bajo costo, para los chicos que quieren continuar sus estudios, pero que no lograron obtener un espacio en las universidades públicas. En México, estas escuelas se conocen popularmente como «escuelas patito[11]», porque la educación que ofrecen es de tan baja calidad que los títulos que otorgan no tienen el reconocimiento del gobierno.

De acuerdo con el estudio *Oferta y demanda de la educación superior*, elaborado por el investigador José Blanco, en la ciudad de México hay 63 000 jóvenes que estudian en este tipo de escuelas, con el sueño de tener una mejor preparación para encontrar un buen trabajo.

Más de la mitad de los jóvenes tiene la oportunidad de hacer estudios universitarios. El rector de la UNAM, José Narro, dice que es importante ayudar a subir ese número. «Tenemos que cambiar esta realidad y hacer que más jóvenes estudien una carrera universitaria para que, así, puedan tener un mejor futuro», dice.

---

[9] **gratuito:** gratis  [10] **privado:** que no pertenece al estado  [11] **patito:** en México, término informal para algo que no es serio

La UNAM es la universidad más importante del país; cada año recibe 85 000 alumnos nuevos. Tiene tantos estudiantes, que en sus aulas se observa la variedad de los gustos e intereses de todos los chicos mexicanos.

De acuerdo con estudios realizados por la universidad, las dos carreras favoritas de los chicos mexicanos son Derecho y Medicina. También les gustan las carreras de Contaduría[12], Psicología, Arquitectura y Administración de empresas.

En el pasado, las carreras de Ingeniería electrónica, Ingeniería mecánica e Ingeniería industrial no eran de gran interés entre los jóvenes. Pero las cosas han cambiado con rapidez, y en la actualidad están de moda. Los informes de la UNAM indican que cada vez son más los chicos que quieren ser ingeniero.

El cambio puede tener relación con que los egresados[13] de las carreras de Ingeniería reciben, hoy, los mejores salarios. Y, para los chicos universitarios, nada es más atractivo que conseguir un buen trabajo.

---

[12] **contaduría:** conjunto de estudios relacionados con el mundo de las finanzas  [13] **egresado:** (aquí) persona que tiene un título universitario

## Los «ninis»

Entre la población juvenil de México hay 7,5 millones de jóvenes que ni estudian ni trabajan: son los llamados «ninis».

En el estudio *Panorama de la Educación 2011*, la OCDE dice que México es uno de los tres países del mundo con más chicos desocupados[1]. Los otros dos son Turquía y Brasil.

Los ninis existen en muchos países. En Estados Unidos e Inglaterra, por ejemplo, el fenómeno se conoce como NEET, que son las siglas en inglés de *not in education, employment or training* (no está estudiando, ni trabajando, ni formándose).

En estos países, el concepto puede ser negativo, implicando que estos jóvenes no hacen mucho esfuerzo para salir de su situación. En México, en cambio, no es un concepto negativo.

La mayoría de los ninis mexicanos, el 75%, son mujeres. Muchas de estas chicas son profesionales que no encuentran trabajo, pero la mayoría son jóvenes casadas que se dedican a cuidar del hogar y de sus hijos.

El rector de la UNAM, José Narro, opina que en México hay ninis porque faltan oportunidades y el desempleo aumenta día a día. «Para cambiar esta situación, es urgente mejorar la capacitación de los jóvenes y crear más empleos», dice.

---

[1] **desocupado:** que no tiene trabajo

Turistas en una de las pirámides de Chichen Itzá

pista 08

# 4. Los jóvenes indígenas

«Los chicos indígenas son alegres y curiosos. Aman la tierra y sus tradiciones»
María Bertely

El 21 de marzo de cada año, cientos de miles de jóvenes mexicanos visitan las principales zonas arqueológicas del país, para celebrar la llegada de la primavera. Chicas y chicos visten de blanco, que es símbolo de inocencia[1], y suben hasta lo más alto de los antiguos edificios de piedra.

Entre los mexicanos existe la creencia de que las ciudades prehispánicas son el lugar perfecto para la primavera y «llenarse de energía». Y Teotihuacán, la llamada «ciudad de los dioses», es la zona arqueológica favorita para hacer eso. De acuerdo con datos del INAH, cada 21 de marzo llegan de visita al menos 200 000 personas.

En Teotihuacán hay dos pirámides gigantescas: la del Sol y la de la Luna. La principal es la Pirámide del Sol, que tiene 63,5 metros de altura. Según la tradición, lo ideal es llegar a la cima[2] al mediodía, porque a esa hora los rayos del sol caen directamente sobre la tierra, sin hacer sombra. Se dice que ese es el momento mágico del día.

La celebración del 21 de marzo es una fiesta especial, porque se organizan danzas prehispánicas. También porque es una de

---

[1]**inocencia:** sin maldad  [2]**cima:** el punto más alto

Chica con el penacho típico de los antiguos mexicanos

las pocas veces que los chicos mexicanos celebran su origen indígena. Ese día, la mayoría de los chicos llevan sandalias[3] y ropa de manta[4]. Otros se ponen penachos[5] de plumas y bailan al sonido de tambores como lo hacían los antiguos mexicanos.

La arqueóloga Rosalba Delgadillo dice que es falsa[6] la idea de que, en el pasado, los indígenas subían a las pirámides para «llenarse de energía».

«Visitar las pirámides el día de la llegada de la primavera es una moda de las sociedades modernas, que nació en los años setenta, durante el auge[7] del llamado *New Age*», dice.

Sin importar si es una moda de la época moderna o una tradición antigua, ese día los mexicanos reconocen la existencia del mundo indígena. Y en México hay 5,4 millones de chicos indígenas, que representan el 15% de la juventud.

El investigador Gonzalo Saraví dice que la cifra de jóvenes indígenas se reduce a 2,5 millones (7%) si se piensa que, para ser indígena, hay que hablar una lengua indígena. De acuerdo con la información oficial, en el país hay 364 lenguas indígenas, pero 36 están por desaparecer porque los chicos de las nuevas generaciones ya no quieren usarlas. Los jóvenes indígenas dicen que, si no hablan en español, las personas los tratan mal y los miran con desprecio.

A los mexicanos no les gusta usar la palabra discriminación[8] pero, en la práctica, la discriminación existe. Para demostrarlo, la Comisión Nacional para el Desarrollo de los Pueblos Indígenas (CID) hizo en el 2011 una encuesta muy simple entre los jóvenes. Les preguntó: «¿Qué piensas de los chicos indígenas?». Y la respuesta fue una sorpresa, porque la mayoría dijo que «los chicos indígenas son ignorantes[9], porque viven en condiciones de pobreza[10] extrema». El informe dice que, por eso, «para los jóvenes, la palabra *indio* es un insulto».

---

[3] **sandalia:** zapato ligero que se usa en época de calor [4] **manta:** tipo de tela [5] **penacho:** adorno para la cabeza [6] **falso:** equivocado, que no es verdad [7] **auge:** periodo de gran intensidad [8] **discriminación:** tratar mal a una persona por motivos raciales o religiosos [9] **ignorante:** que no tiene conocimiento de las cosas [10] **pobreza:** escasez, falta de recursos

Músicos indígenas en Chiapas

Pero los chicos indígenas no se consideran ignorantes. Se dicen alegres de corazón, curiosos y felices. Además, aman la tierra y sus tradiciones y desean continuar sus estudios. Quieren que la gente diga que son trabajadores y honestos. Y no quieren recibir burlas sobre su cultura y su lengua.

Así lo dicen en el libro *Voces de jóvenes indígenas*, escrito por Gonzalo Saraví y María Bertely. Estos dos investigadores viajaron por todo el país, para hablar con chicos de distintas comunidades. Visitaron 13 grupos de adolescentes indígenas del norte, sur, este y oeste del país y descubrieron que, para ellos, la vida comunitaria es más importante que la escuela.

A diferencia de los chicos que viven en ciudades, los jóvenes indígenas empiezan a trabajar desde que son muy pequeños. También se casan y tienen hijos a temprana edad[11]. Desde los trece o catorce años tienen que ser muy responsables, porque cada uno tiene una tarea que cumplir en su comunidad. Las chicas deben cuidar de sus hermanos menores y de otros niños. También ayudar con la limpieza de la casa y la preparación de la comida.

Por otro lado, los chicos tienen la obligación de ayudar a sus padres y abuelos en el campo: ayudan en la siembra[12] y la cosecha[13], recogen la leña que las mujeres ponen en el fogón[14] cuando tienen que cocinar y también llevan agua, porque en muchos pueblos no hay agua potable y los chicos deben traerla desde muy lejos.

Los chicos indígenas sienten un gran respeto por los adultos. En especial por los ancianos, que tienen más experiencia y sabiduría[15]. Les gustan las fiestas y las danzas que se acostumbran a bailar en sus pueblos y disfrutan de la comida típica. También son muy religiosos y tienen una fe muy grande en la Virgen de Guadalupe.

Pero tienen un gran dilema[16]: permanecer en su pueblo o empezar una nueva vida en la ciudad.

---

[11] **a temprana edad:** forma de decir que alguien es muy joven [12] **siembra:** acto de sembrar o esparcir semillas en la tierra [13] **cosecha:** época en que se recogen los frutos de las plantas en el campo [14] **fogón:** lugar de la cocina que se usa para guisar [15] **sabiduría:** conocimiento [16] **dilema:** duda

La migración es un tema que preocupa a los chicos indígenas. La ciudad les da miedo pero, al mismo tiempo, es la única opción que encuentran para ganar más dinero y vivir mejor. No es una decisión fácil.

«Normalmente, un indígena es ignorado y despreciado en las ciudades porque es pobre y porque tiene una cultura distinta. Los mexicanos tienen dos caras: por un lado les gusta el folclore, las tradiciones y las costumbres de los pueblos indígenas y, por el otro, los excluyen[17] y los tratan como si fueran personas con discapacidad», dice el investigador del INAH, Bolfy Cottom.

Datos de la Comisión de Derechos Humanos del Distrito Federal dicen que, cada año, llegan a la ciudad de México alrededor de 7 400 indígenas, la mayoría proveniente de los estados de Oaxaca, Puebla, Veracruz, Guerrero, Querétaro y Guanajuato.

La mayoría de los chicos y chicas que van a la ciudad encuentran trabajos con salarios muy bajos. La mayoría de las chicas se dedica a limpiar casas y los chicos trabajan en la construcción.

Algunos jóvenes indígenas deciden dejar el país y cruzar la frontera que separa a México y Estados Unidos, porque piensan que en las ciudades estadounidenses se vive mejor. Y no son los únicos. En Estados Unidos viven más de 30 millones de mexicanos. La mayoría se encuentra en ciudades como Los Ángeles y Chicago, donde existen barrios latinos en los que se habla español (y no inglés), se baila música de salsa y se comen tortillas.

Los chicos se van «al otro lado», es decir, a Estados Unidos, en busca de trabajo y dinero. Quieren tener un salario en dólares para ayudar a sus padres.

En los últimos años, el impacto cultural de la inmigración se ha visto en la incorporación de fiestas mexicanas al calendario estadounidense. Por ejemplo, en Texas, en California y en muchos otros estados se celebra el Cinco de Mayo. Esta fiesta conmemora

---

[17] **excluir:** no dejar participar

la batalla de Puebla, una victoria del ejército mexicano sobre el francés, en 1862. En EE UU, ese día es una oportunidad para compartir la música, la danza y la comida típica de México.

Vivir en una ciudad, sin importar si es en México o en Estados Unidos, cambia la vida de muchos chicos, especialmente la de los jóvenes indígenas que han crecido con poco contacto con la vida moderna. En la ciudad, de repente, tienen acceso a otras culturas, a un estilo de vida diferente y, también, a las nuevas tecnologías.

La desigualdad[18] de oportunidades que existe entre los chicos que son indígenas y los que no lo son es muy grande. En muchas comunidades indígenas de México no hay escuelas ni hospitales. Tampoco hay internet y los chicos viven sin Facebook y redes sociales.

Pero el interés por aprender a usar las herramientas digitales crece a diario y el acceso a internet empieza a ser una realidad en sus escuelas. La investigadora Carmen Gómez Mont dice que el principal problema para la adopción de nuevas tecnologías por los chicos indígenas es que el ancho de banda[19] que hay en sus comunidades no es suficiente para descargar la mayoría de las páginas que hay en internet.

A pesar de los problemas de infraestructura, internet empieza a ser un puente entre los chicos que se quedan en el campo y los que se van a la ciudad o emigran a Estados Unidos. Cada día hay más chicos indígenas que tienen correo electrónico y también cada vez son más las ONG nacionales e internacionales que les dan capacitación tecnológica. Es el caso de las organizaciones LaNeta, Redes Indígenas y Ojo de Agua Comunicación.

El experto Óscar del Álamo dice que los logros en el mundo virtual todavía son pequeños, ya que hay mucho trabajo por hacer. Por ejemplo, traducir el contenido de las páginas de internet a las lenguas indígenas y facilitar la distribución de los programas

---

[18] **desigualdad:** que no son iguales  [19] **ancho de banda:** cantidad de datos o de información que se pueden enviar a través de una conexión de red

de informática. «Los pueblos indígenas latinoamericanos luchan todos los días por tener su propio territorio en el ciberespacio», explica. Y añade: «Por fortuna, ya podemos encontrar páginas de internet, creadas por ellos, para compartir su mundo y su filosofía».

## Tecnología escrita en zapoteco

Rodrigo Pérez Ramírez es un indígena mexicano que nació en el estado de Oaxaca. Es un pionero[1] en el mundo de la tecnología porque, en noviembre del 2007, empezó a traducir al zapoteco el navegador de internet[2] Mozilla Firefox.

Rodrigo estudió ingeniería en la Universidad de Chapingo, en el Estado de México, y después viajó a España, para hacer estudios de posgrado. En el extranjero, decidió investigar si existían herramientas digitales en la lengua de su tierra natal. Y descubrió que no.

Al regresar a su país, empezó un proyecto de traducción, para que los chicos que hablan zapoteco puedan usar internet en su propia lengua. «En las redes sociales como Facebook y Twitter me gusta poner mensajes en español y zapoteco. Y mis hermanos y primos me responden. Esto demuestra que el zapoteco es una lengua que funciona bien en los nuevos sistemas de información», dice.

El zapoteco es una lengua indígena que se habla en el sur de México, en los estados de Oaxaca y Veracruz. Los expertos creen que cerca de 800 000 personas la usan para comunicarse en la actualidad.

[1] **pionero:** el primero en explorar nuevos territorios [2] **navegador de internet:** interface que permite acceder a páginas web

Gente dejando velas encendidas, en recuerdo de los muertos por la violencia

pista 10

# 5. Jóvenes en acción

«Ni un muerto más.
¡Ya basta de sangre!»
Jóvenes del movimiento
No más sangre

En la playera[1] de Olga Reyes se puede leer la frase «No más sangre». Las letras están escritas en color rojo y letra mayúscula para que cada palabra se pueda leer con facilidad. A su lado va una chica con un cartel en la mano. Y el cartel, dice: «Ni un muerto más. ¡Ya basta!».

Como ellas, miles de chicos caminan en silencio por las calles del centro de la ciudad de México, con dirección a la Plaza de Zócalo. Es la Marcha por la Paz, que el domingo 8 de mayo de 2011 logró que 20 000 personas se reunieran para pedir el fin de la violencia en México.

Chicos de distintas edades organizaron la manifestación a través de las redes sociales. Durante varios días, escribieron sin descanso mensajes en Facebook y en Twitter, y, como resultado, los mexicanos se pusieron en acción para pedir el fin de las muertes violentas en el país.

Desde el año 2006, en México han muerto cerca de 50 000 personas, a causa de lo que se conoce como «la guerra[2] del narco[3]». Ese año, el presidente Felipe Calderón declaró la guerra

---

[1] **playera:** camiseta  [2] **guerra:** conflicto armado  [3] **narco:** persona que vende droga

al narcotráfico[4], pero la gente dice que su estrategia[5] ha sido equivocada.

«En la actualidad, cualquier ciudadano puede salir a la calle y no volver nunca a su casa, porque nadie lo cuida ni protege. Felipe Calderón creyó que los criminales estaban fuera del gobierno, pero no es así. Los criminales están en las instituciones», dice Javier Sicilia, el líder del movimiento.

Javier Sicilia es un poeta y escritor que dejó de escribir en marzo de 2011, cuando su hijo, Juan Francisco, fue asesinado a los 24 años. Muchos de los chicos que participan en el movimiento No más sangre tienen esa edad y Olga Reyes es una de ellos.

Olga ha perdido a cuatro hermanos y un sobrino y, por eso, dice que es el momento de luchar por un cambio. «Mucha gente tiene miedo de salir a las calles a protestar, pero tienen que ser valientes. Quedarse a llorar en sus casas no ayudará a cambiar las cosas», dice.

Los expertos dicen que, en el país, hay siete grandes organizaciones de narcotráfico, que buscan el control de la droga que entra en Estados Unidos. Por eso, pelean entre sí y, al mismo tiempo, se enfrentan al ejército, que quiere impedir que lleven la droga a Estados Unidos, donde el consumo es masivo[6].

Las zonas de mayor violencia son las ciudades que están en el norte, en la frontera con Estados Unidos, lo que ha hecho que muchas familias tengan que abandonar sus casas y cambiar de residencia[7].

Antonio Acosta es un chico de 15 años que, hasta hace pocos meses, vivía con sus padres y su hermana menor en Ciudad Juárez, la ciudad más peligrosa de México. Pero el nivel de violencia aumentó tanto que sus padres tomaron la decisión de empezar una nueva vida en otra parte. Y eligieron la ciudad de Aguascalientes.

---

[4] **narcotráfico:** industria ilegal que se dedica a la venta de drogas  [5] **estrategia:** conjunto de acciones para lograr un objetivo  [6] **masivo:** en grandes cantidades  [7] **residencia:** lugar en el que se vive

Antonio, a quien le encanta el rap y la música de *hip-hop*, dice que vivía feliz en el norte y que nunca tuvo miedo. «Te acostumbras a vivir en una ciudad difícil», dice. El ambiente de violencia que existe actualmente en México es la mayor preocupación[8] de gran parte de los chicos mexicanos, pero no es la única. De acuerdo con el director del Instituto Mexicano de la Juventud, Miguel Ángel Carreón, también les preocupa la crisis económica. Por eso, pequeños grupos empiezan a organizarse para protestar frente al edificio de la Bolsa de Valores, símbolo del mundo financiero y bancario del país.

Un grupo de 40 jóvenes empezó a manifestarse en noviembre de 2011, con carteles donde criticaban los extremos de pobreza y riqueza que hay en el país. No es un movimiento grande, como el que tomó Wall Street en Nueva York o el de los «indignados» de España, pero poco a poco va teniendo más seguidores[9].

A principios de 2012 nació el movimiento DFiniendo Mi Ciudad, que está formado por estudiantes de escuelas públicas y privadas. Los chicos de este grupo quieren tener acceso a mejor educación, mejores escuelas y mejores trabajos. Y para llamar la atención del gobierno, organizan lo que ellos llaman *flashmob* o ráfaga de multitud[10].

Benito Mirón es el organizador de este movimiento que, dice, empezó en Estados Unidos. «Se trata de reunir a un grupo muy grande de chicos en un espacio público, para hacer algo inusual. En marzo fuimos al parque de los Viveros, en el barrio de Coyoacán de la ciudad de México, vestidos con traje y ropa muy formal. Y así, todos elegantes, nos pusimos a correr junto a los chicos que iban a hacer deporte. La gente nos miraba con curiosidad y decía: ¿por qué están corriendo con traje? Y nosotros no queremos parecer locos, sino llamar la atención para debatir una política seria en materia de deporte», dice.

---

[8] **preocupación:** pensamiento que inquieta  [9] **seguidor:** persona que apoya un movimiento
[10] **multitud:** muchas personas

Imagen de la campaña «No más sangre»

De acuerdo con el informe del *Estado Mundial de la Infancia: Adolescencia. Una época de oportunidades*, realizado por UNICEF, uno de los temas de mayor interés entre los chicos es la ecología.

«Para los jóvenes, el cambio climático es un asunto de gran urgencia y, por eso, muchos chicos defienden con pasión la necesidad de actuar con rapidez para reducir las consecuencias del daño[11] al medio ambiente», dice el informe.

En el caso de los chicos mexicanos, la ecología es una de sus principales razones para organizarse. Desde hace más de una década[12] existen grupos como Muévete Por Tu Ciudad, donde los jóvenes organizan acciones relacionadas con tener ciudades más limpias y un ambiente más amable entre las personas. Sus acciones son muy ingeniosas y creativas.

Por ejemplo, en una ocasión, sus miembros salieron a las calles con una nariz de cerdo, hecha de plástico. Caminaron por plazas y jardines en busca de gente sucia y mal educada y, cada vez que veían a alguien tirar la basura fuera de un cesto, corrían hacia él haciendo el sonido que hacen los cerdos al comer.

Muévete Por tu Ciudad anima a los habitantes de las grandes ciudades, como la Ciudad de México y Guadalajara, a explorar el uso de la bicicleta como un medio de transporte. Y para eso, organizan exposiciones de fotografía que sirven para difundir el uso que le dan en los países europeos, donde la bicicleta es un medio de transporte muy popular.

«Las fotografías son de tamaño natural y muestran escenas de vida cotidiana, como a mamás con sus hijos, frente a la puerta de la escuela. La idea es que los mexicanos piensen que la bicicleta es una opción saludable y divertida para viajar por la ciudad», dice Claudia Montero, representante de este grupo de jóvenes.

Los conciertos de música en vivo, como el Festival Vive Latino, son el sitio perfecto para invitar a los jóvenes a luchar por lo que piensan que es justo. Y en 2012, el objetivo ecológico que se

---

[11] **daño:** problema  [12] **década:** diez años

difundió en el evento musical fue el rescate de Wirikuta, que es un sitio de gran valor para la cultura indígena huichol.

«Esta campaña quiere tocar la mayor cantidad de corazones posible para que, juntos, apoyemos a nuestros hermanos huicholes», dice el cantante de la banda de rock Café Tacuba, Rubén Albarrán.

El área de Wirikuta está en San Luis Potosí, en el centro-norte de México, y, desde 1999, es patrimonio de la humanidad. La UNESCO le dio el reconocimiento de Sitio Sagrado Natural, pero el sitio está en grave peligro, porque el gobierno mexicano dio permiso a una compañía de Canadá para explotar las minas[13] de plata que hay en la región. Y los expertos señalan que el impacto ambiental y cultural será enorme.

Albarrán y otros músicos mexicanos formaron el Colectivo Aho, para evitar la instalación de la compañía canadiense en la zona. Y cuentan con el apoyo de más de 180 000 chicos dispuestos a entrar en acción.

---

[13] **mina:** lugar donde se extraen minerales o metales comercialmente

pista 11

## Chicos al rescate del agua

¿Recuerdas a qué hora tomaste un vaso de agua? ¿Te preocupa la escasez[1] o contaminación del agua? A tres jóvenes mexicanos sí les preocupa. Y les preocupa mucho. Ellos son Adriana Alcántara Ruiz, Dalia Graciela Díaz Gómez y Carlos Hernández Mejía, los ganadores del Premio Estocolmo Juvenil del Agua.

Estos tres chicos, estudiantes del Instituto Cultural Paideai de Toluca, en el centro de México, encontraron en 2007 la forma de limpiar el agua de residuos de metal, con el uso de cascarones[2] de huevo: mezclaron el cascarón molido[3] en una solución líquida de plomo[4] y quitaron más de 90% del metal que había en el agua.

«La presencia de plomo en el agua es un problema que existe en México y en muchas otras partes del mundo. Y el proyecto ganador resuelve este problema de forma económica», dice Blanca Jiménez Cisneros, coordinadora ejecutiva del Premio Estocolmo Juvenil del Agua en México.

---

[1] **escasez:** falta [2] **cascarón:** cáscara o corteza exterior del huevo [3] **moler:** hacer polvo [4] **plomo:** metal pesado, muy tóxico para las personas

# Notas culturales

## Introducción

Indignados: Movimiento social organizado por jóvenes españoles. En España también le dicen Movimiento 15-M, porque nació el 15 de mayo con una serie de protestas pacíficas para promover la democracia.

## 1. Amigueros de corazón

Secundaria: La educación secundaria mexicana dura 3 años, desde que el alumno tiene 13 años de edad hasta los 15 o 16.

Instituto Mexicano de la Juventud: Institución del gobierno que tiene la función de hacer estudios sobre la situación juvenil del país. Fue creado en 1999.

UNAM: Universidad Nacional Autónoma de México, que es la universidad más importante del país.

Conaculta: Consejo Nacional para la Cultura y las Artes, que es el organismo de gobierno que coordina todas las actividades culturales del país.

## 2. Tribus urbanas

Zócalo: Plaza muy importante del país. Se la conoce también como la Plaza de la Constitución y es «el corazón de México».

Centro Cultural Tlatelolco: Es uno de los sitios de difusión más importantes de los jóvenes universitarios. Es parte de la UNAM.

Festival de Avándaro: Se lo conoce como el «Woodstock mexicano» y fue un concierto de rock que se celebró en septiembre de 1971. Se dice que representa uno de los momentos más importantes de la historia de la música en México.

*Reggaeton:* Género musical para bailar, muy popular entre los jóvenes de América Latina y el Caribe. Tiene influencias del *reggae*, el rap y el *hip-hop*.

Carlos Slim: Empresario mexicano, el hombre más rico del mundo según la revista Forbes, con una fortuna de 69 000 millones de dólares. Tiene varias empresas de tecnología y telecomunicaciones.

### 3. ¡Qué trabajadores!

Preparatoria: Bachillerato. En México dura entre 2 y 3 años y prepara al alumno para entrar en la universidad.

OCDE: Organización para la Cooperación y el Desarrollo Económico y fue creada en 1960. Se le conoce como «el club de los países ricos» porque agrupa a países con economías muy fuertes.

UNESCO: Organización de las Naciones Unidas para la Educación, la Ciencia y la Cultura. Existe desde 1945 y entre sus objetivos está cuidar el patrimonio cultural y estimular la creación y la creatividad.

### 4. Los jóvenes indígenas

Teotihuacán: Una de las principales zonas arqueológicas del país. Se encuentra a 45 kilómetros de la ciudad de México y es Patrimonio de la Humanidad desde 1987.

INAH: Instituto Nacional de Antropología e Historia, que es el organismo del gobierno que tiene la obligación de cuidar las zonas arqueológicas que hay en el país.

Vida comunitaria: Modelo de organización social que es típico de los pueblos indígenas, donde la vida se organiza de forma colectiva y cada persona tiene una responsabilidad fija.

Virgen de Guadalupe: Patrona de México, es la imagen religiosa más popular del país.

ONGs: Organizaciones No Gubernamentales, que son agrupaciones que no dependen de ningún gobierno o partido político.

### 5. Jóvenes en Acción

UNICEF: Es el Fondo de Naciones Unidas para la Infancia. Existe desde 1946 y su objetivo es analizar la situación de los niños del mundo y trabajar para mejorar sus condiciones de vida.

Premio Estocolmo Juvenil: Se otorga en Suecia desde 1997 y consiste en 5 000 dólares y una escultura de cristal en color azul. Es el más importante del mundo en el tema del agua y el medio ambiente y solo participan jóvenes de entre 15 y 20 años de edad.

# Glosario

**Abreviaturas usadas:**   *m.*: masculino (el/los)   *f.*: femenino (la/las)

| ESPAÑOL | INGLÉS | FRANCÉS | ALEMÁN |
|---|---|---|---|

## Introducción

| ESPAÑOL | INGLÉS | FRANCÉS | ALEMÁN |
|---|---|---|---|
| [1] **parrandero/-a** | party animal | fêtard | Partytiger |
| [2] **pasar un buen rato** | to have fun | passer un bon moment | Spass haben |
| [3] **cuate** *m.* | friend | ami | Freund |
| [4] **familiero/-a** | family-orientated | orienté/e vers la famille | familienfreundlich |
| [5] **herramienta** *f.* | tool | outil | Werkzeug |
| [6] **desconfiado/-a** | distrustful | méfiant | misstrauisch |
| [7] **desempleado/-a** | unemployed | sans emploi | arbeitslos |
| [8] **cruzar** | to cross | traverser | überqueren |
| [9] **frontera** *f.* | border | frontière | Grenze |
| [10] **marcha** *f.* | demostration | manifestation | Demonstration |
| [11] **justo/-a** | fair | juste | gerecht |
| [12] **mostrar** | to show | montrer | zeigen |
| [13] **olvidarse** | to forget | oublier | vergessen |

## 1. Amigueros de corazón

| ESPAÑOL | INGLÉS | FRANCÉS | ALEMÁN |
|---|---|---|---|
| [1] **amiguero/-a** | friendly | sympathique | freundlich |
| [2] **platicar** | to chat | discuter | plaudern |
| [3] **teléfono celular** *m.* | mobile phone | téléphone portable | Handy |
| [4] **compartir** | to share | partager | teilen |
| [5] **fuente** *f.* | source | source | Quelle |
| [6] **parranda** *f.* | party | fête | Party |
| [7] **nocturno/-a** | at night | nocturne | nächtlich |
| [8] **vespertino/-a** | in the evening | en soirée | abendlich |
| [9] **anochecer** *m.* | dusk | crépuscule | Abenddämmerung |
| [10] **tener permiso** | to have permission | avoir la permission | Erlaubnis haben |
| [11] **madrugada** *f.* | dawn | aube | Morgendämmerung |
| [12] **de acuerdo con** | according to | en accord avec | gemäss |
| [13] **al aire libre** | outdoors | à l'air libre | im Freien |

| ESPAÑOL | INGLÉS | FRANCÉS | ALEMÁN |
|---|---|---|---|
| [14] **grada** *f.* | stand | gradin | Platz |
| [15] **aficionado/-a** | fan | passionné | Fan |
| [16] **callejero/-a** | from the street | de rue | von der Strasse |
| [17] **costumbre** *f.* | habit | habitude | Angewohnheit |
| [18] **casa de campaña** *f.* | tent | tente | Zelt |
| [19] **sueño** *m.* | dream | rêve | Traum |
| [20] **provincia** *f.* | province | province | Landesinneren |
| [21] *gadget* *m.* | gadget | gadget | Gerät |
| [22] **estar al día** | to be up to date | se tenir au courant | auf dem Laufenden sein |
| [23] **derecho** *m.* | law | droit | Rechtswissenschaft |

## La Fiesta de Quince Años

| [1] **misa** *f.* | mass | messe | Messe |
| [2] **quinceañero/-a** | 15-year-old | adolescente | Fünfzehnjährige |
| [3] **chambelán** *m.* | male escort | cavalier | Begleiter |

## 2. Tribus urbanas

| [1] **público/-a** | estate-owned | public | öffentlich |
| [2] **formar parte** | to be part | faire partie | dazugehören |
| [3] **reflejo** *m.* | reflection | reflet | hier: Kennzeichen |
| [4] **fanático/-a** | fanatical | fanatique | fanatisch |
| [5] **tanto** | as much | tellement | so sehr |
| [6] **personaje** *m.* | character | personnage | Person, Figur |
| [7] **peluca** *f.* | wig | perruque | Perücke |
| [8] **levantar** | to lift | lever | aufstellen |
| [9] **vestuario** *m.* | clothes | habits | Kleidung |
| [10] **protagonista** | main character | protagoniste | Hauptdarsteller |
| [11] **pelear** | to fight | se disputer | kämpfen |
| [12] **lealtad** *f.* | loyalty | loyauté | Treue, Loyalität |
| [13] **a diferencia de** | unlike | à la différence de | im Gegensatz zu |
| [14] **mejorar** | to improve | améliorer | verbessern |
| [15] **apestar** | to stink | puer, empester | stinken |
| [16] **tobillo** *m.* | ankle | cheville | Fussknöchel |

| ESPAÑOL | INGLÉS | FRANCÉS | ALEMÁN |
|---|---|---|---|
| [17] **brillante** | shiny | brillant | glänzend |
| [18] **coleta** *f.* | pony tail | queue de cheval | Pferdeschwanz |
| [19] **rechazo** *m.* | opposition | opposition | Ablehnung |
| [20] **vago/-a** | lazy | fainéant | faul |
| [21] **desaparecido/-a** | disappeared | disparu | verschwunden |
| [22] **en cambio** | on the other hand | par contre | hingegen |
| [23] **puntuación** *f.* | score | score | Punktewertung |
| [24] **reto** *m.* | challenge | défi | Herausforderung |
| [25] **facturar** | to generate | générer | einbringen |
| [26] **crecimiento** *m.* | growth | croissance | Wachstum |
| [27] **partida** *f.* | game | partie | Spiel, Partie |
| [28] **historieta** *f.* | comic book | bande dessinée | Comic |
| [29] **dibujante** | illustrator | illustrateur | Zeichner |
| [30] **flojo/-a** | loose | fainéant/e | locker |
| [31] **cachucha** *f.* | baseball cap | casquette de baseball | Baseballkappe |
| [32] **ratero/-a** | thief | chapardeur | Dieb |
| [33] **desigual** | unequal | inégal | ungleich |

## El Chopo: un mundo alternativo

| | | | |
|---|---|---|---|
| [1] **tianguis** *m.* | street market | marché de rue | Flohmarkt |
| [2] **puesto** *m.* | stall | étal | Marktstand |
| [3] **calavera** *f.* | skull | crâne | Totenkopf |

## 3. ¡Qué trabajadores!

| | | | |
|---|---|---|---|
| [1] **jornada** *f.* | day | journée | Arbeitstag |
| [2] **incansable** | tireless | infatigable | unermüdlich |
| [3] **leal** | loyal | loyal | treu |
| [4] **albañil** *m.* | construction worker | maçon | Maurer |
| [5] **malabar** *m.* | juggling | jongler | Jonglieren |
| [6] **cirquero/-a** | circus performer | les gens du cirque | Zirkusartist |
| [7] **madrugar** | to wake up early | se lever tôt | früh aufstehen |
| [8] **salario** *m.* | salary | salaire | Lohn |
| [9] **gratuito/-a** | free | gratuit | kostenlos |

| ESPAÑOL | INGLÉS | FRANCÉS | ALEMÁN |
|---|---|---|---|
| [10] privado/-a | private | privé | privat |
| [11] patito *m.* | informal | informel | nicht offiziel |
| [12] contaduría *f.* | accountancy | comptabilité | Betriebswirtschaftslehre |
| [13] egresado/-a | professional | diplōmē | Absolvent/-in |

## Los «ninis»

| | | | |
|---|---|---|---|
| [1] desocupado/-a | unemployed | sans emploi | arbeitslos |

## 4. Los jóvenes indígenas

| | | | |
|---|---|---|---|
| [1] inocencia *f.* | innocence | innocence | Unschuld |
| [2] cima *f.* | top | cime | Spitze |
| [3] sandalia *f.* | sandal | sandale | Sandale |
| [4] manta *f.* | thick cloth | couverture | dicke Kleidung |
| [5] penacho *m.* | headdress | huppe | Federschmuck |
| [6] falso/-a | wrong | faux | falsch |
| [7] auge *m.* | peak | essor | Höhepunkt |
| [8] discriminación *f.* | discrimination | discrimination | Diskriminierung |
| [9] ignorante | ignorant | ignorant | unwissend |
| [10] pobreza *f.* | poverty | pauvreté | Armut |
| [11] a temprana edad | at an early age | à un jeune âge | in einem frühen Alter |
| [12] siembra *f.* | sowing season | semailles | Saat |
| [13] cosecha *f.* | harvest | récolte | Ernte |
| [14] fogón *m.* | hob | fourneau | Herd |
| [15] sabiduría *f.* | wisdom | sagesse | Weisheit |
| [16] dilema *m.* | doubt | dilemme | Dilemma |
| [17] excluir | to exclude | exclure | ausschliessen |
| [18] desigualdad *f.* | inequality | inégalité | Ungeichheit |
| [19] ancho de banda *m.* | band width | débit | Bandbreite |
| [20] fortuna *f.* | luck | chance | Glück |

## Tecnología en zapoteco

| | | | |
|---|---|---|---|
| [1] pionero/-a | pioneer | pionnier | Pionier |
| [2] navegador de internet *m.* | web browser | navigateur internet | Webbrowser |

| ESPAÑOL | INGLÉS | FRANCÉS | ALEMÁN |
|---|---|---|---|

## 5. Jóvenes en acción

| | | | |
|---|---|---|---|
| [1] **playera** *f.* | t-shirt | tee-shirt | T-shirt |
| [2] **guerra** *f.* | war | guerre | Krieg |
| [3] **narco** *m.* | drug dealer | narcotrafiquant | Drogenhändler |
| [4] **narcotráfico** *m.* | drug trafficking | trafic de drogue | Rauschgifthandel |
| [5] **estrategia** *f.* | strategy | stratégie | Strategie |
| [6] **masivo/-a** | massive | massif | massiv |
| [7] **residencia** *f.* | residence | résidence | Wohnsitz |
| [8] **preocupación** *f.* | worry | préoccupation | Sorge |
| [9] **seguidor/a** | follower | adepte | Anhänger, Verfolger |
| [10] **multitud** *f.* | crowd | foule | Menschenmenge |
| [11] **daño** *m.* | damage | mal | Schaden |
| [12] **década** *f.* | decade | décade | Jahrzehnt |
| [13] **mina** *f.* | mine | mine | Bergwerk |

## Chicos al rescate del agua

| | | | |
|---|---|---|---|
| [1] **escasez** *f.* | lack of | manque de | Mangel an |
| [2] **cascarón** *m.* | shell | coquille | Eierschale |
| [3] **moler** | to grind | moudre | mahlen |
| [4] **plomo** *m.* | lead | plomb | Blei |

Rubén Albarrán, cantante de Café Tacuba

actividades

## ANTES DE LEER

1. ¿Qué sabes ya sobre los jóvenes mexicanos? Marca las frases. Al final del libro, vuelve a la actividad y corrige tus respuestas, si es necesario.

- les gusta estar con su familia
- disfrutan pasando tiempo solos
- la mayoría estudia y trabaja
- les gusta la música

- pertenecen a varias tribus urbanas
- quieren tener su propia empresa
- respetan la cultura indígena
- usan la tecnología para protestar

2. Mira la fotografía de la página 6. ¿Cómo son estos chicos? ¿Se parecen a los de tu país? Menciona dos cosas similares y dos diferencias.

## DURANTE LA LECTURA

### Introducción

3. En el texto se anticipan varios temas. ¿Cuál te interesa más y por qué?

4. ¿Cuándo se van de casa de sus padres los jóvenes mexicanos?

5. ¿Por qué viven tiempos difíciles? Menciona dos razones.

6. ¿Qué tienen en común los chicos mexicanos, sin importar la edad?

7. «No imagino mi vida sin las redes sociales», dice Roberto Medina. ¿Qué información relacionada con esta frase hay en el capítulo?

8. Explica con tus palabras una tradición de la Fiesta de Quince Años.

## Capítulo 2

9. Mira la fotos de la chica *otaku* de la página 28 y del chico *chaca* de la página 30. Compáralas usando estas categorías.

|  | otaku | chaca |
|---|---|---|
| a. ¿Cómo es su peinado? |  |  |
| b. ¿Qué ropa lleva? |  |  |
| c. ¿Qué accesorios lleva? |  |  |
| d. ¿Cómo es su actitud? |  |  |
| e. ¿Cuál podría ser su pasatiempo? |  |  |

10. «En México, pertenecer a una tribu urbana no es moda. Es un acto político». Explica esta frase de Karina Jarquín y justifica tu respuesta.

11. ¿Por qué a muchas chicas no les gusta el *reggaeton*?

## Capítulo 3

12. Completa las frases con la información del capítulo.

a. Un «nini» es

b. A los 15 o 16 años, muchos chicos

c. En México, el seguro de desempleo

d. Para ir a la universidad, un chico de la provincia

e. La calidad de las «escuelas patito» es

f. Según Raúl, los chicos de hoy

## Capítulo 4

13. Elige la opción correcta.

1. Muchos mexicanos suben a los edificios en primavera para
   a. recuperar la inocencia
   b. «llenarse de energía»
   c. sacarse fotos

2. Muchas lenguas indígenas
   a. van a hablarse más
   b. hablan de la primavera
   c. van a desaparecer

3. La mayoría de los chicos mexicanos piensa que los indígenas

   a. son ignorantes

   b. son discriminadores

   c. son egoístas

14. ¿Qué significa ir «al otro lado»? ¿Cómo es generalmente esta experiencia?

15. Escucha la pista 09. ¿En qué consiste el proyecto de Rodrigo Pérez Ramírez? ¿Te parece una buena idea? ¿Por qué?

## Capítulo 5

16. ¿Qué proyecto de los mencionados te interesa más, y por qué?

17. ¿Por qué se manifiesta la gente de «No más sangre»?

18. ¿Qué es una «ráfaga de multitud»? ¿Piensas que son efectivas como método para llamar la atención? ¿Por qué?

## DESPUÉS DE LEER

19. Vuelve a leer las frases que marcaste al leer la Introducción. ¿Tenías razón? ¿Qué cosas nuevas has aprendido?

20. ¿Te gustaría vivir en México? ¿Por qué? Escribe dos ventajas y dos desventajas de ser joven allí.

21. ¿Cómo imaginas el futuro de los jóvenes mexicanos, en 5 años, en relación con estos aspectos: el empleo, la educación, la violencia? ¿Por qué?

## VÍDEO

22. Vas a ver una entrevista con Guillermo, un chico de la Ciudad de México. ¿Qué dice sobre estos temas? Apunta dos palabras importantes al lado de cada uno.

La fiesta de Quince Años
Sus pasatiempos
La tecnología
Los amigos
La ciudad de México

23. ¿Se parece tu vida a la de Guillermo? ¿Qué cosas tienes en común con él?

## LÉXICO

24. Completa este mapa conceptual:

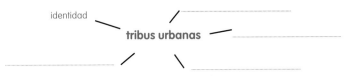

25. Ahora crea dos mapas más sobre otros temas del libro, como «tecnología», «deporte», «historia» u otro tema interesante para ti.

26. Estas son palabras que se usan en México. Escribe un sinónimo para cada una:

platicar

amiguero

ratero

cascarón

patito

## INTERNET

Visita la página de Facebook de la campaña «No más sangre», en la dirección http://www.facebook.com/PFNMS. Lee los mensajes y mira las fotos. Después, piensa en una campaña para llamar la atención sobre un problema importante en tu país.

# Notas